Suzanne Voss

Deutschtraining für Flüchtlingskinder

Arbeitsheft

mit englischen und arabischen Untertiteln

Einstiegskurs für Anfänger
ab 8 Jahren

myrtelverlag
Lehrer entwickeln für Kinder

BRIGG VERLAG

Hinweis: Wir bitten Sie zu beachten, dass bei der arabischen Übersetzung bei der 2. Person (Du) nur die männliche Form von „Du“ steht.

myrtelverlag
Lehrer entwickeln für Kinder

BRIGG VERLAG

1. Auflage (2015)

ISBN 978-3-95709-**302**-8

ISBN 978-3-95660-**037**-1

Arabische Übersetzung & Lektorat: Dr. Abbas Amin, www.arabisch-lektorat.de
Illustrationen: Julia Hilbert

www.myrtel.de

www.brigg-verlag.de

Inhalt
Table of Contents / قائمة المحتويات

1 Das deutsche Alphabet

The German Alphabet / الأبجدية الألمانية

Die Buchstaben		Laut-Buchstaben-Beziehung	Lautschrift		
A a	A a	Aa	[a:]	der Adler	
B b	B b	Be	[b]	der Biber	
C c	C c	Tse	[ts]	der Clown	
D d	D d	De	[d]	der Dino	
E e	E e	Ee	[e:]	der Elefant	
F f	F f	Ef	[f]	der Fisch	
G g	G g	Ge	[g]	die Giraffe	
H h	H h	Ha	[h]	der Hase	
I i	I i	Ii	[i:]	der Igel	
J j	J j	Jott	[j]	die Jacke	
K k	K k	Ka	[k]	das Kamel	
L l	L l	Ell	[l]	der Löwe	
M m	M m	Emm	[m]	die Maus	
N n	N n	Enn	[n]	das Nashorn	
O o	O o	O	[o]	der Ordner	
P p	P p	Pe	[p]	der Pinguin	
Q q	Q q	Ku	[k]	die Qualle	
R r	R r	Err	[r]	das Reh	
S s	S s	Ess	[z]	die Sonne	

Die Buchstaben		Laut-Buchstaben-Beziehung	Lautschrift		
T t	T t	Te	[t]	der Tiger	
U u	U u	U	[u:]	die Uhr	
V v	V v	Fau	[f] [v]	der Vogel	
W w	W w	We	[v]	der Wal	
X x	X x	Iks	[ks]	das Xylophon	
Y y	Y y	Ypsilon	[y:], [j]	der Yak	
Z z	Z z	Zett	[ts]	das Zebra	
Ä ä	Ä ä	A-Umlaut	[ɛ:]	die Äpfel	
Ö ö	Ö ö	O-Umlaut	[ø:]	das Öl	
Ü ü	Ü ü	U-Umlaut	[y:]	das Überholverbot	
Au au	Au au	Au	[aʊ̯]	das Auge	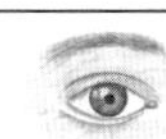
Ei ei	Ei ei	Aii	[aɪ̯]	das Eichhörnchen	
Eu eu	Eu eu	Oii	[ɔɪ̯]	die Eule	
Pf pf	Pf pf	Pf	[pf]	das Pferd	
Ch ch	Ch ch	Ch	[ç]	der Chinese	
Sch sch	Sch sch	Sch	[ʃ]	die Schnecke	
Sp sp	Sp sp	Schp	[ʃp]	die Spinne	
St st	St st	Scht	[ʃt]	der Stern	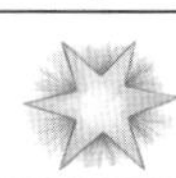
ß	ß	Eszett	[s]	der Fuß	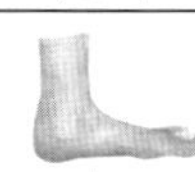

2 Zahlen

Numbers / الأرقام

1	eins	one / واحد
2	zwei	two / اثنان
3	drei	three / ثلاثة
4	vier	four / أربعة
5	fünf	five / خمسة
6	sechs	six / ستة
7	sieben	seven / سبعة
8	acht	eight / ثمانية
9	neun	nine / تسعة
10	zehn	ten / عشرة
11	elf	eleven / أحد عشر
12	zwölf	twelve / اثنا عشر
13	drei**zehn**	thirteen / ثلاثة عشر
14	vier**zehn**	fourteen / أربعة عشر
15	fünf**zehn**	fifteen / خمسة عشر
16	sech**zehn**	sixteen / ستة عشر
17	sieb**zehn**	seventeen / سبعة عشر
18	acht**zehn**	eighteen / ثمانية عشر
19	neun**zehn**	nineteen / تسعة عشر
20	zwan**zig**	twenty / عشرون

30	drei**ßig**	thirty / ثلاثون
40	vier**zig**	forty / أربعون
50	fünf**zig**	fifty / خمسون
60	sech**zig**	sixty / ستون
70	sieb**zig**	seventy / سبعون
80	acht**zig**	eighty / ثمانون
90	neun**zig**	ninety / تسعون
100	(ein)hundert	one hundred / مائة
21	ein**und**zwanzig	twenty-one / واحد وعشرون
31	ein**und**dreißig	thirty-one / واحد وثلاثون
32	zwei**und**reißig	thirty-two / اثنان وثلاثون
36	sechs**und**dreißig	thirty-six / ستة وثلاثون
101	ein**hundert**eins	one hundred one / مائة وواحد
220	zwei**hundert**zwanzig	two hundred twenty / مائتان وعشرون
1000	(ein)tausend	one thousand / ألف
1995	eintausendneunhun-dertfünf**und**neunzig / neunzehnhundert-fünf**und**neunzig	one thousand nine hundred ninety-five / ألف وتسعمائة وخمس وتسعون nineteen hundred ninety-five / ألف وتسعمائة وخمس وتسعون
2015	zweitausend**und**-fünfzehn	two thousand fifteen / ألفان وخمسة عشر

Nachspuren und zählen! (Follow and count! / تابع وعد!)

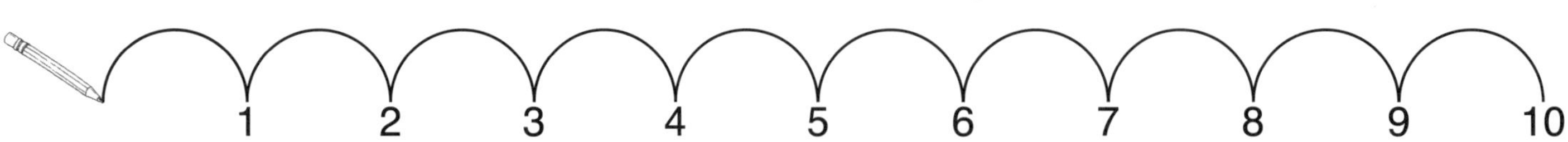

Kurzdialoge

Short Dialogues / حوارات قصيرة

Frage und passende Antwort in derselben Farbe einkreisen!
Mark the question and fitting answer in the same colour! /
ضع علامة بنفس اللون على السؤال والإجابة المناسبة

Fragen (questions / أسئلة)

Wie heißt du?
What's your name?
ما اسمك؟

Woher kommst du?
Where are you from?
من أي بلد أنت؟

Wie geht es dir?
How are you?
كيف حالك؟

Wie alt bist du?
How old are you?
كم عمرك؟

Wo wohnst du?
Where do you live?
أين تسكن؟

Bitte!
... please!
رجاء!

Darf ich ...?
May I ...?
هل بإمكاني أن ...؟

Welcher Tag ist heute?
What day is today?
أي من أيام الأسبوع اليوم؟

Antworten (answers / إجابات)

Ich heiße ... .
My name is ... .
اسمي ...

Ich komme aus ... .
I am from ... .
أنا من ...

Danke!
Thank you!
شكرا!

Ich bin ... Jahre alt.
I'm ... years old.
عمري .... سنة / سنوات

Ich wohne in ... .
I live in ... .
أسكن في ...

Heute ist Montag.
Today is Monday.
اليوم يوافق يوم الإثنين.

Ja, gern!
Yes, please!
نعم، رجاء!

Nein, leider nicht!
No, sorry!
لا، عذرا!

Mir geht es gut / nicht so gut.
I'm fine / not so well.
أنا بخير / لست على ما يرام!

Guten Morgen!
Good morning!
صباح الخير!

Guten Tag!
Hello!
نهارك سعيد!

Auf Wiedersehen! / Tschüs!
Goodbye!
مع السلامة!

Willkommen!
Welcome!
مرحبا!

Entschuldigung!
Sorry!
عذرا!

Ja! / Nein!
Yes! / No!
نعم! / لا!

4 Interviews

Interviews / مقابلات

Fragen

Questions / أسئلة

Antworten

Answers / إجابات

1. Guten Tag! ______________________________
2. Wie heißt du? ______________________________
3. Woher kommst du? ______________________________
4. Wie alt bist du? ______________________________
5. Wo wohnst du? ______________________________
6. Wie geht es dir? ______________________________
7. Auf Wiedersehen! ______________________________

______________________________ 1. Ich heiße Samira.

______________________________ 2. Ich komme aus Syrien.

______________________________ 3. Ich bin 15 Jahre alt.

______________________________ 4. Ich wohne in Hamburg.

______________________________ 5. Mir geht es gut.

Dein Steckbrief / Your profile / ملفك الشخصي

Name (name / الاسم)

Ich heiße ______________________________.

Alter (age / السن)

Ich bin __________ Jahre alt.

Adresse (adress / العنوان)

Ich wohne in ______________________________.

Herkunftsland (country / البلد)

Ich komme aus ______________________________.

Foto (Picture / صورة)

Flagge (flag / علم)

5 In der Schule

At School / في المدرسة

die Federtasche
die Federtaschen
pencil case / حافظة أقلام

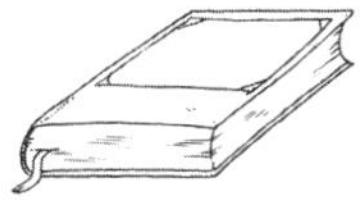

das Buch
die Bücher
book / كتاب

der Pinsel
die Pinsel
brush / فرشاة

das Blatt
die Blätter
sheet / ورق

die Schultasche
die Schultaschen
school bag / حقيبة مدرسية

die Schere
die Scheren
scissors / مقص

die Tafel
die Tafeln
board / سبورة

das Lineal
die Lineale
ruler / مسطرة

das Heft
die Hefte
workbook / كراسة

der Ordner
die Ordner
folder / ملف

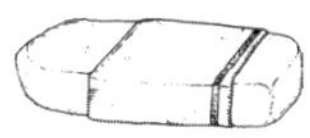

der Radiergummi
die Radiergummis
rubber / ممحاة

der Bleistift
die Bleistifte
pencil / قلم

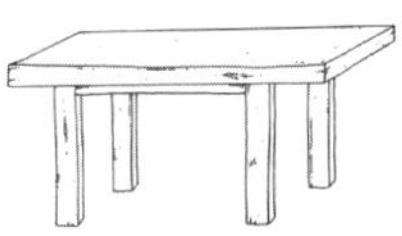

der Tisch
die Tische
table / طاولة

der Stuhl
die Stühle
chair / كرسي

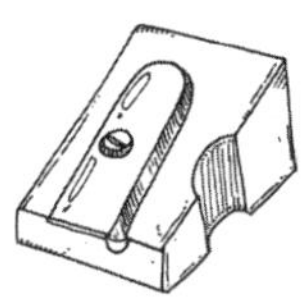

der Anspitzer
die Anspitzer
pencil sharpener /
مبراة أقلام

die Uhr
die Uhren
clock / ساعة

der Lehrer
die Lehrer
teacher / معلم

die Lehrerin
die Lehrerinnen
(lady) teacher /
معلمة

der Schüler
die Schüler
schoolboy / pupil /
تلميذ

die Schülerin
die Schülerinnen
schoolgirl / pupil /
تلميذة

5 In der Schule

At School / في المدرسة

Nachspuren und sprechen! (Follow and say! / تابع وقل!)

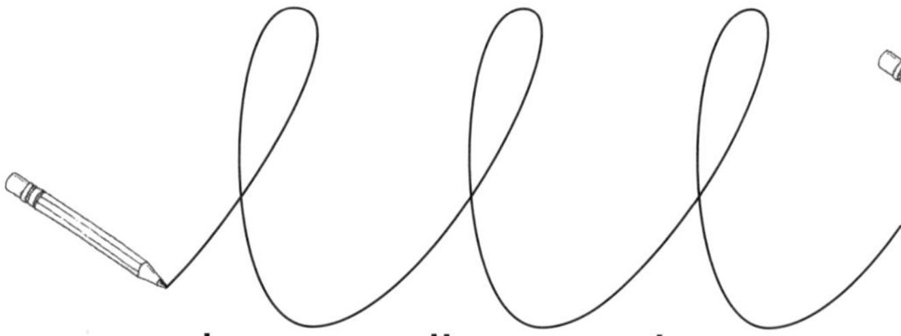

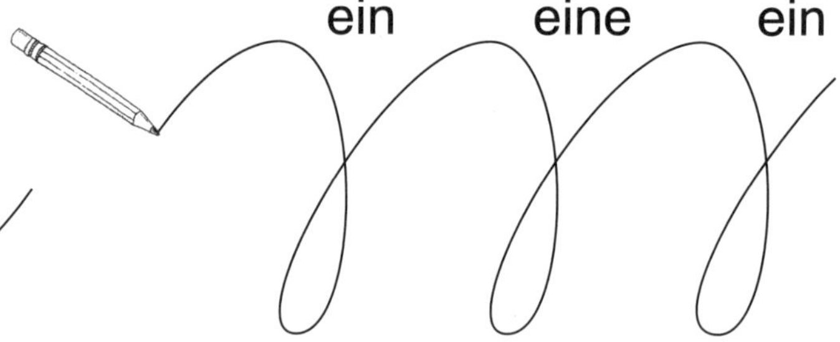

Schreibe! (Write! / اكتب!)

	der Pinsel	ein

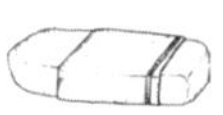		

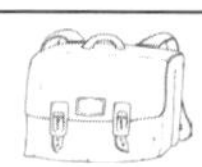	die	eine
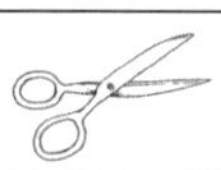		

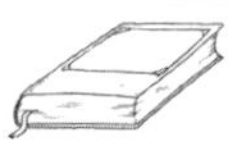	das	ein

6 Farben

Colours / ألوان

Male! (Draw! / !ارسم)

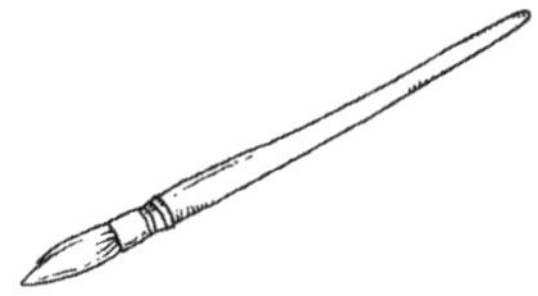

◯ rot red / أحمر	◯ lila violet / بنفسجي	◯ rosa pink / وردي	
◯ blau blue / أزرق	◯ schwarz black / أسود	◯ weiß white / أبيض	◯ grün green / أخضر
◯ gelb yellow / أصفر	◯ braun brown / بني	◯ grau grey / رمادي	◯ orange orange / برتقالي

Welche Farbe hat ....? (What colour is ...? / ما هو لون ...؟)
Schreibe und male! (Write and colour! / !اكتب ولون)

Das ist der Klebestift.
Der Klebestift ist gelb.

Das ist das Heft.
Das Heft ist ________.

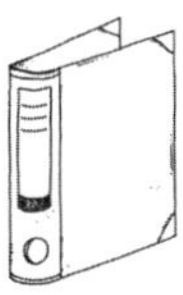

Das ist ____ ________.
Der Ordner ist ________.

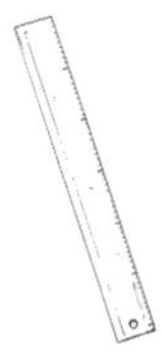

Das ist ____ ________.
Das Lineal ist ________.

Das ist ____ ________.
Die Schere ist ________.

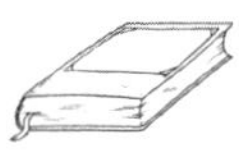

Das ist ____ ________.
Das Buch ist ________.

Das ist ____ ________.
Die Tafel ist ________.

Das ist ____ ________.
Der Bleistift ist ________.

Setze e oder i ein! (Put in e or i! / ضع حرف e أو i)

 der Ordn___r

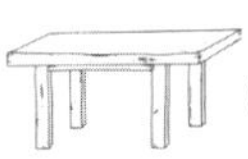 der T___sch

 die F___d___rtasche

 der Bleist___ft

 die Taf___l

 das L___n ___al

7 Präpositionen

Prepositions / أحرف الجر

Wo ist die Tasche? (Where ist the bag? / أين الحقيبة؟)

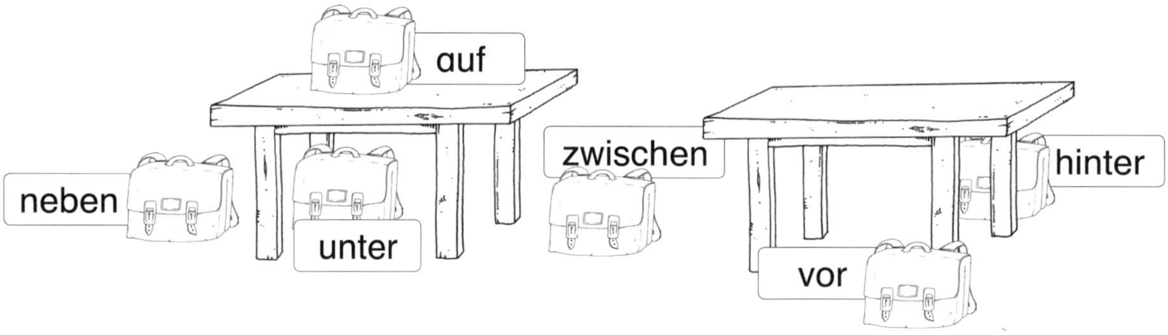

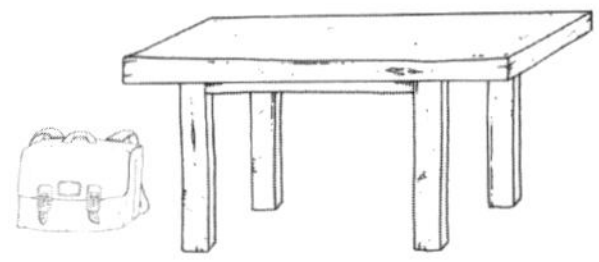

Wo ist die Tasche?

Die Tasche ist neben **dem** Tisch.

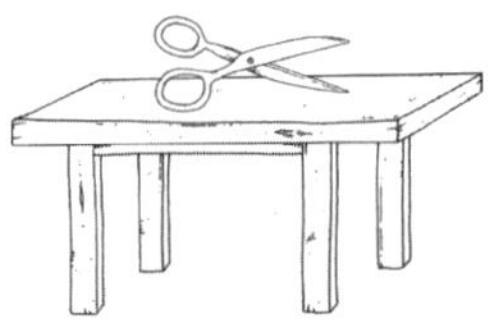

Wo ist die ______________________ ?

Die Schere ist ______________ **dem** ______________ .

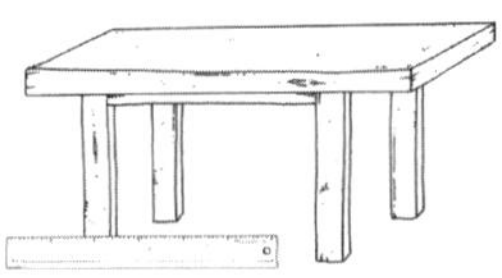

Wo ist das ______________________ ?

Das ______________________ **dem** ______________ .

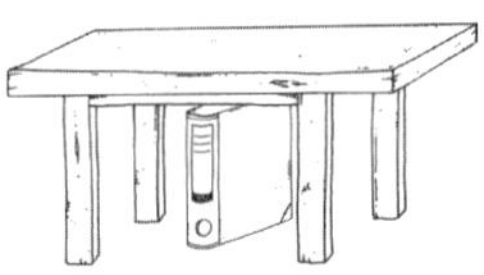

Wo ist der ______________________ ?

Der ____ .

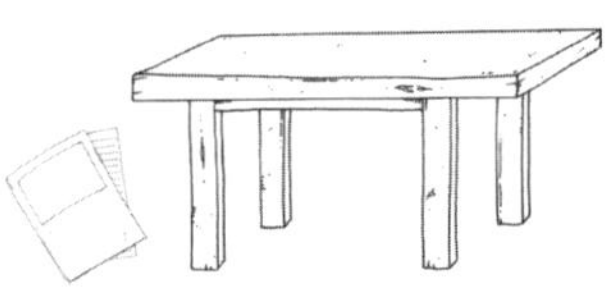

Wo ist das ______________________ ?

Das ____ .

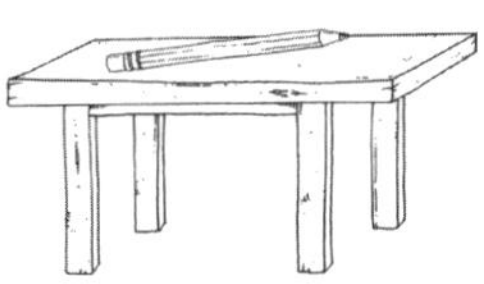

Wo ist der ______________________ ?

Der ____ .

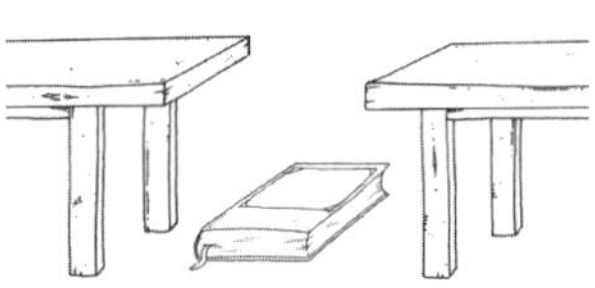

Wo ist das ______________________ ?

Das ______________________ **den** Tischen.

8 Die Familie

The Family / العائلة

die Frau
die Frauen
woman / إمرأة

der Mann
die Männer
man / رجل

die Mutter
die Mütter
mother / أم

der Vater
die Väter
father / أب

der Großvater (Opa)
die Großväter
grandfather / جد

die Tochter
die Töchter
daughter / ابنة

das Mädchen
die Mädchen
girl / بنت

die Großmutter (Oma)
die Großmütter
grandmother / جدة

der Sohn
die Söhne
son / ابن

der Junge
die Jungen
boy / ولد

Das ist mein Mann.
This is my husband.
هذا زوجي.

Das ist meine Frau.
This is my wife.
هذه زوجتي.

Das sind unsere Kinder.
These are our children (kids).
هؤلاء أطفالنا.

Das ist meine Schwester.
This is my sister.
هذه أختي.

Das ist mein Bruder.
This is my brother.
هذا أخي.

Gehören wir auch zur Familie?

Do we belong to the family, too?
هل ننتمي نحن أيضا للعائلة؟

die Katze
die Katzen
cat / قطة

der Hund
die Hunde
dog / كلب

8 Die Familie

The Family / العائلة

Nachspuren und sprechen! (Follow and say! / تابع وقل!)

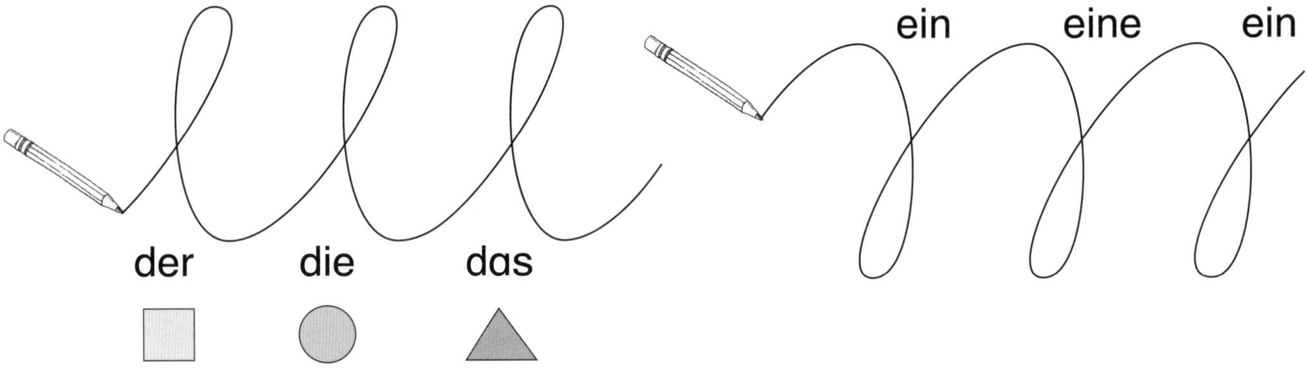

Schreibe! (Write! / اكتب!)

	der Junge	ein

	die	eine
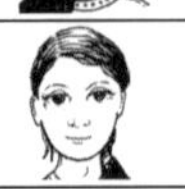		
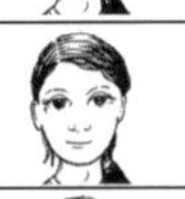		

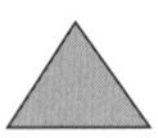

	das	ein

9 Verben und Personalpronomen
Verbs and Personal Pronouns / أفعال وضمائر

ich
(I / أنا)

du
(you / أنتَ/أنتِ)

er
(he / هو)

sie
(she / هي)

es
(it / هو/هي)

wir
(we / نحن)

ihr
(you / أنتم/أنتن)

sie
(they / هم/هن)

10 Erste Verben (regelmäßige Verben)
First Verbs (Regular Verbs) / أفعال المجموعة الأولى (أفعال قياسية)

			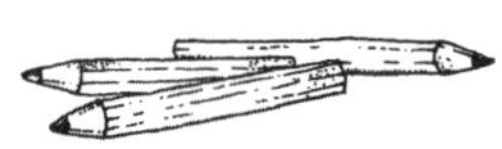	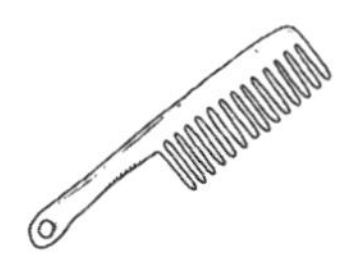
	kochen (to cook / طبخ)	**tanzen** (to dance / رقص)	**malen** (to draw / رسم)	**kämmen** (to comb / مشّط)
ich	koch**e**	tanz____	______**e**	kämm**e**
du	koch**st**	tanz____	______**st**	
er/sie/es	koch**t**	tanz____	______**t**	
wir	koch**en**	tanz____	______**en**	
ihr	koch**t**	tanz____	______**t**	
sie	koch**en**	tanz____	______**en**	

11 Unregelmäßige Verben

Irregular Verbs / أفعال شاذة

Nachspuren und sprechen! (Follow and say! / تابع وقل!)

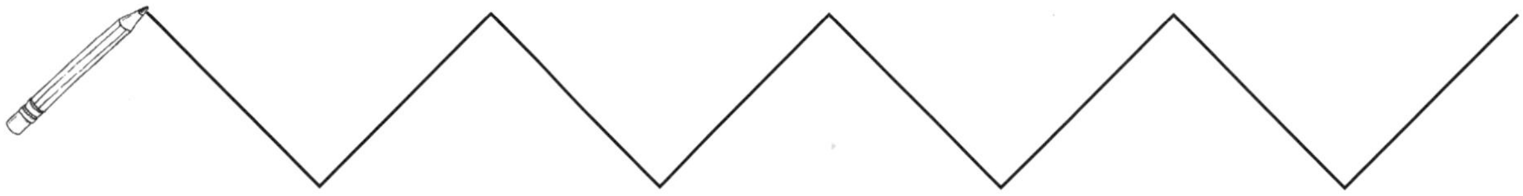

		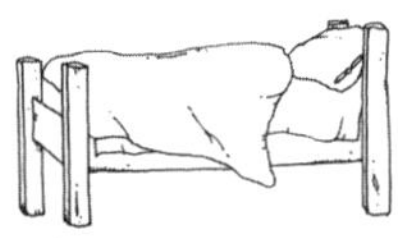			
	waschen (to wash / غسل)	**schlafen** (to sleep / نام)	**fahren** (to drive / قاد)	**laufen** (to run / جرى)	
ich	wasche	schlafe			
du	wäschst	schl___fst		läufst	a→ä au→äu
er/sie/es	wäscht	______t			
wir	waschen	______en			
ihr	wascht	______t			
sie	waschen	______en			

	werfen (to throw / رمى)	
ich	______e	
du	wirfst	e→i
er/sie/es	______t	
wir		
ihr		
sie		

	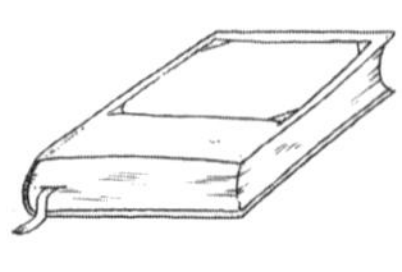	
	lesen (to read / قرأ)	
ich	lese	
du	liest	e→ie
er/sie/es		
wir		
ihr		
sie		

12 Dialoge – „Was machst du?“

Dialogues – „What are you doing?“ / "ماذا تفعل؟" – حوارات

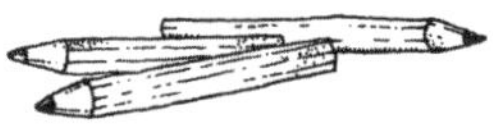

Was machst du?

Ich male.

Ich koche.

Was machst du?

Was ______ du?

Ich ______ .

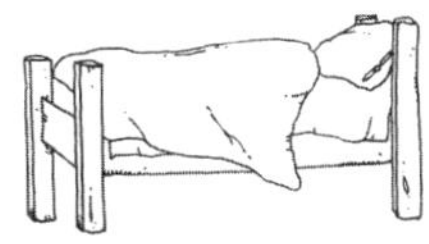

______ ______ ?

______ .

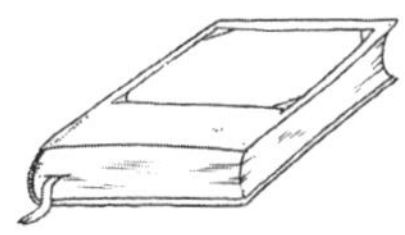

______ ______ ?

______ .

Was macht **er**?

______ ______ .

Was macht **sie**?

______ ______ .

Was machst **du**?

______ ______ .

12 Dialoge – „Was machst du?“

Dialogues – „What are you doing?“ / "ماذا تفعل؟" – حوارات

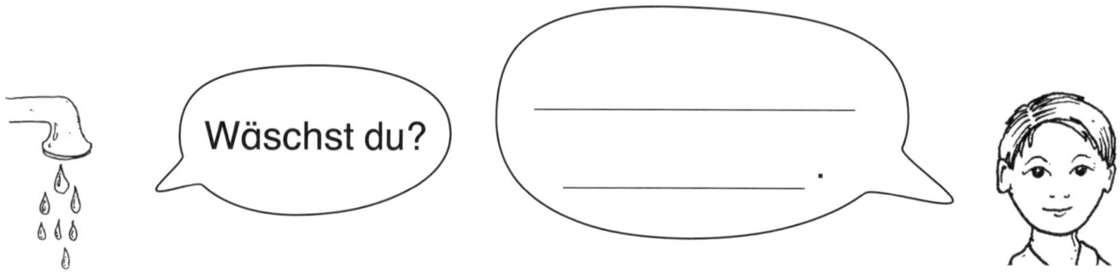

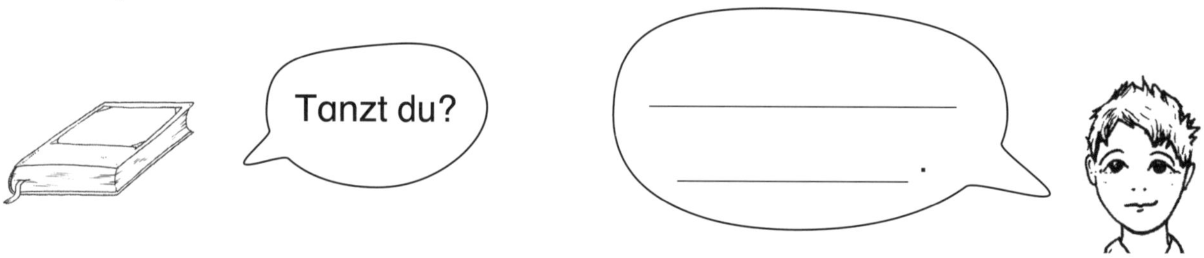

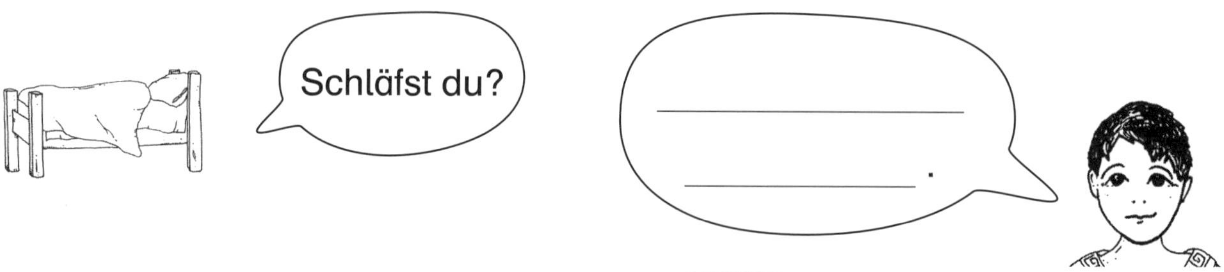

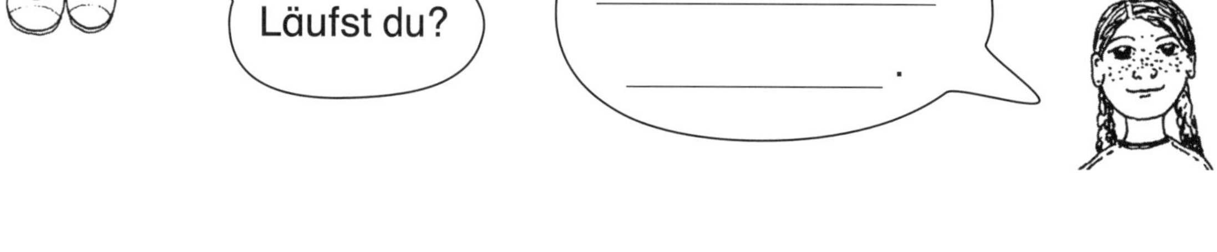

13

Die Kleidung

Clothes / الملابس

das Kleid
die Kleider
dress / ثوب

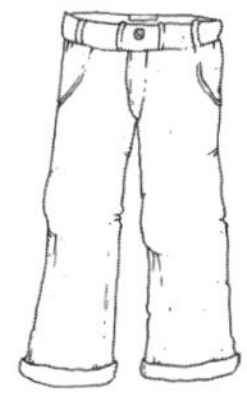

die Hose
die Hosen
trousers / بنطلون

der Pullover
die Pullover
sweater / pullover / بلوفر

die Bluse
die Blusen
blouse / بلوزة

die Jacke
die Jacken
jacket / جاكيت

der Mantel
die Mäntel
coat / معطف

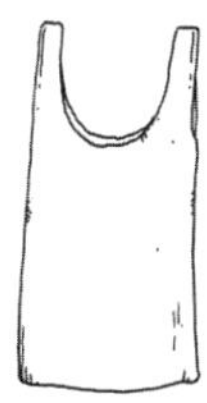

das Unterhemd
die Unterhemden
undershirt / vest / قميص داخلي

der Rock
die Röcke
skirt / تنورة

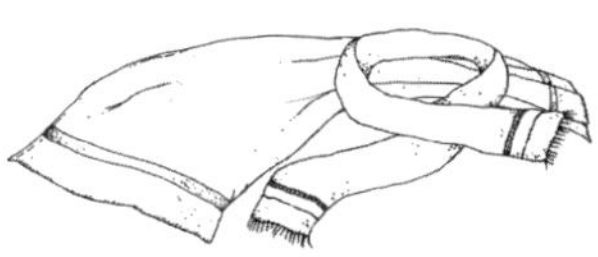

der Schal / das Kopftuch
die Schals / die Kopftücher
scarf / (head)scarf / شال

die Mütze
die Mützen
cap / قلنسوة

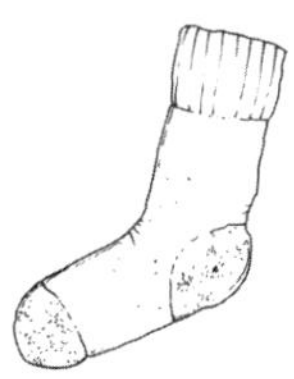

die Socke
die Socken
sock / جورب

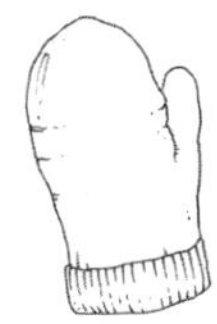

der Handschuh
die Handschuhe
glove / قفاز

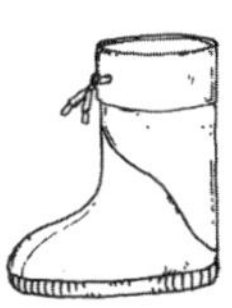

der Stiefel
die Stiefel
boot / حذاء بوت

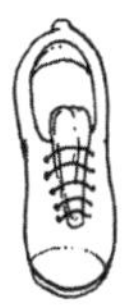

der Schuh
die Schuhe
shoe / حذاء

der Hut
die Hüte
hat / قبعة

das T-Shirt
die T-Shirts
T-shirt / تيشيرت

der Badeanzug
die Badeanzüge
swimsuit / ملابس بحر

die Unterhose
die Unterhosen
underpants / سروال داخلي

die Strumpfhose
die Strumpfhosen
tights / جورب بنطلون

das Hemd
die Hemden
shirt / قميص

13 Die Kleidung

Clothes / الملابس

Nachspuren und sprechen! (Follow and say! / تابع وقل!)

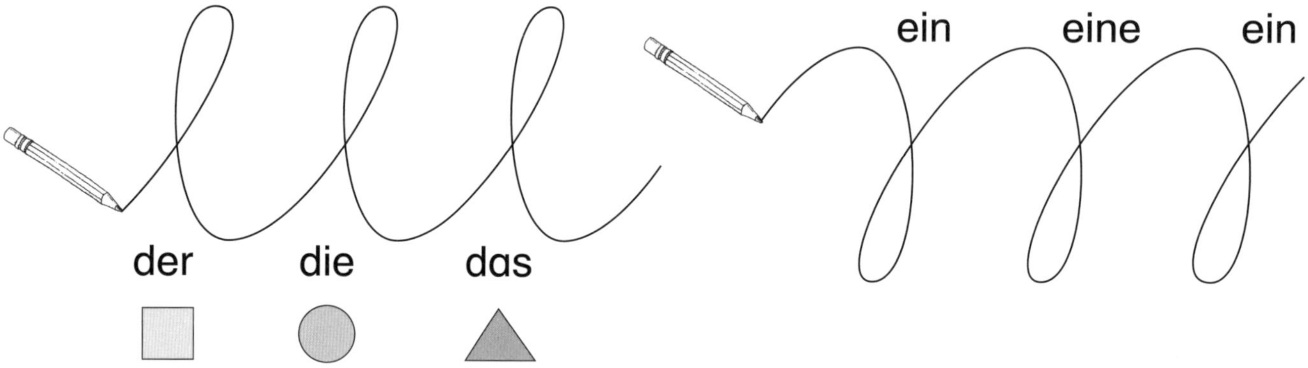

Schreibe! (Write! / اكتب!)

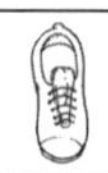	der Schuh	ein

	die	eine

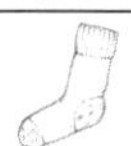		

	das	ein

Einkaufen

Shopping / التسوق

Ich brauche ...
I need ... /
أحتاج ...

?

Was kostet ... ?
How much is ... ? /
بكم هذا / هذه...؟

... passen / passen nicht
... fit / do not fit
تناسب / لا تناسب ...

Was kosten ... ?
How much are ... ? /
بكم هذه / هؤلاء ...؟

... passt / passt nicht
... fits / does not fit /
يناسب / لا يناسب ...

Ich brauche ...

einen		eine	
	______________ .		______________ .
	______________ .		______________ .
	______________ .		______________ .

... passt /
passt nicht

... passen /
passen nicht

 Der Pullover passt.

 Die Socken passen nicht.

 ______________ .

 ______________ .

 ______________ .

 ______________ .

Was kostet ...?
Was kosten ...?

 Was kosten ______________ ?

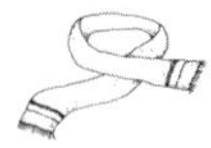 ______ kostet ______________ ?

 ______________ ?

15 Farben, Kleidung, Verhältniswörter

Colours, Clothes, Prepositions / الألوان، الملابس، حروف الجر

Lies und male! (Read and colour! / اقرأ ولون!)

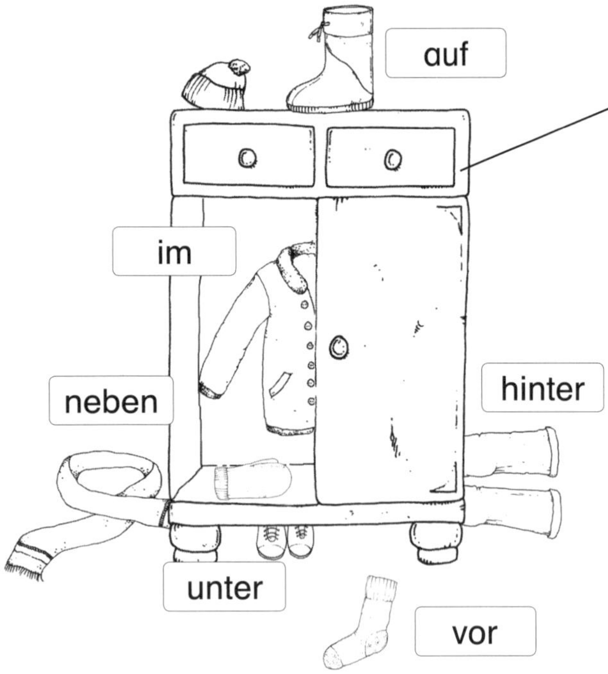

der Schrank
die Schränke
wardrobe / خزانة ملابس

Die rote Jacke ist **im** Schrank.

Der blaue Stiefel ist **auf** dem Schrank.

Der gelbe Schal ist **neben** dem Schrank.

Die grüne Hose ist **hinter** dem Schrank.

Wo ist ... ? / Wo sind ...? (Where is ... ? / Where are ... ? / أين يوجد ...؟ / أين توجد ...؟)

 ______________________________

 ______________________________

 ______________________________

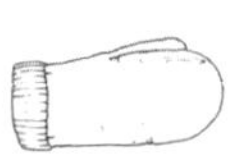 ______________________________

Setze o oder u ein! (Put in o or u! / ضع حرف o أو u)

 der ___t

 die H___se

 der P___ll___ver

 die S___cke

 der St___hl

 der R___ck

Der Körper / Beim Arzt
Body / At the Doctor‘s / عند الطبيب / جسم الإنسان

Der Kopf
head / رأس

das Haar
die Haare
hair / شعر

die Stirn
die Stirnen
forehead / جبهة

das Augenlid
die Augenlider
eyelid / جفن

das Ohr
die Ohren
ear / أذن

das Auge
die Augen
eye / عين

der Mund
die Münder
mouth / فم

die Nase
die Nasen
nose / أنف

der Hals
die Hälse
neck / عنق

Halsschmerzen
sore throat / ألم بالحلق

Fieber
high temperature /
ارتفاع في درجة الحرارة

Ohrenschmerzen
earache / ألم بالأذن

Zahnschmerzen
toothache / ألم بالأسنان

Der Körper
Body / جسم

das Haar
die Haare
hair / شعر

der Hals
die Hälse
neck / عنق

die Schulter
die Schultern
shoulder / كتف

die Brust
chest / صدر

der Rücken
die Rücken
back / ظهر

der Bauch
die Bäuche
belly / بطن

der Arm
die Arme
arm / ذراع

die Hand
die Hände
hand / يد

das Knie
die Knie
knee / ركبة

der Finger
die Finger
finger / إصبع

das Bein
die Beine
leg / ساق

der Fuß
die Füße
foot / قدم

der Zeh
die Zehen
toe / إصبع القدم

17 Körperteile

Parts of the Body / أجزاء جسم الإنسان

Nachspuren und sprechen! (Follow and say! / تابع وقل!)

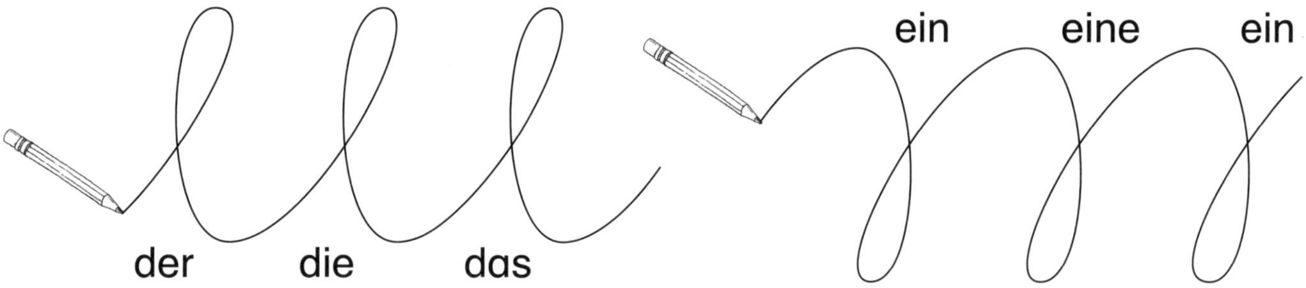

Schreibe! (Write! / اكتب!)

	der Mund	ein
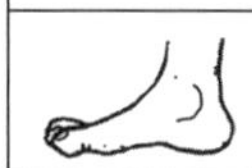		
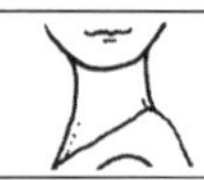		

	die	eine
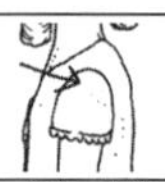		
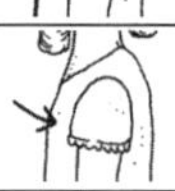		

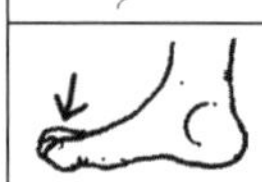		

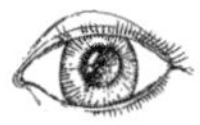	das	ein
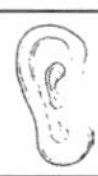		
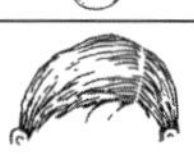		

18 Beim Arzt

At the Doctor‘s / عند الطبيب

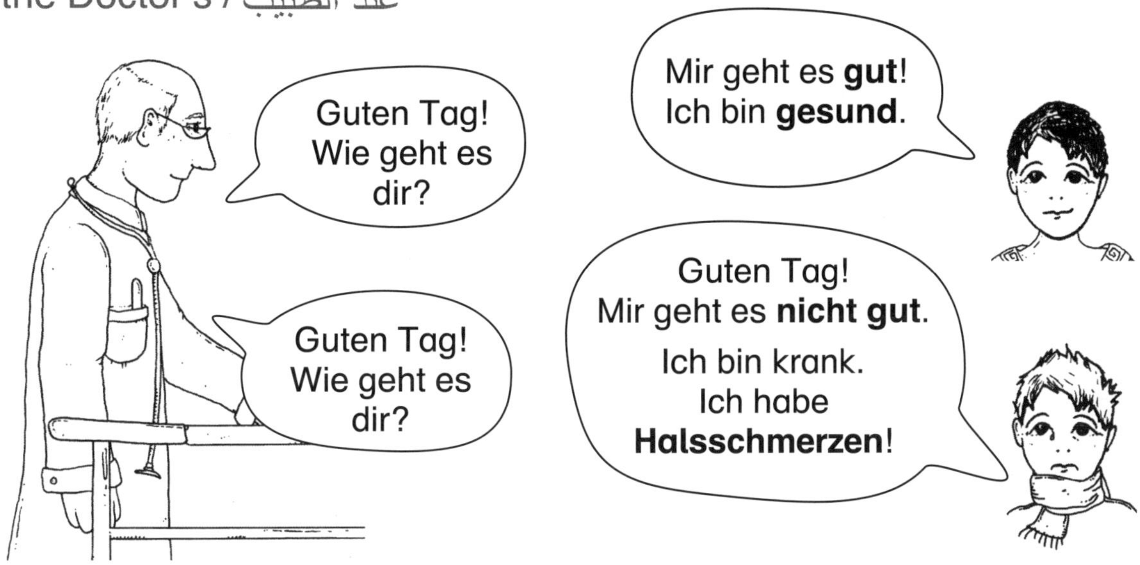

	sein (to be / كان)	**haben** (to have / امتلك)
ich	bin	habe
du	bist	hast
er/sie/es	ist	hat
wir	sind	haben
ihr	seid	habt
sie	sind	haben

19 Was tut weh?

What hurts? / ما الذي يؤلمك؟

□ der	mein	dein	sein	ihr
der Kopf	mein Kopf	dein		
der Hals				
der Arm				

○ die	meine	deine	seine	ihre
die Hand	meine Hand			
die Schulter				
die Brust				

△ das	mein	dein	sein	ihr
das Knie	mein Knie			
das Bein				
das Auge				

Was tut weh? (What hurts? / ما الذي يؤلمك؟)

Sein ______________________ tut weh. 

Ihr ______________________________. 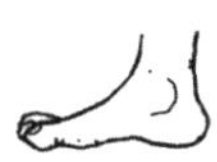

Ihre _____________________________. 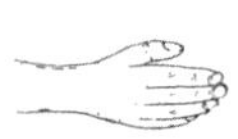

Sein _____________________________. 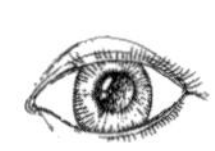

20 Der Körper – Die Sinne

Body – Senses / الجسم - الحواس

Der Mund kann ______________________.

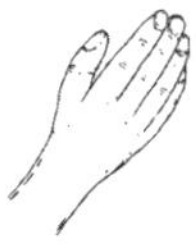

Die ______________________.

______________________.

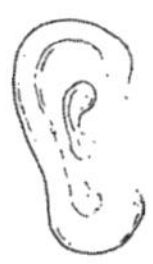

______________________.

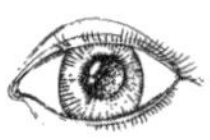

______________________.

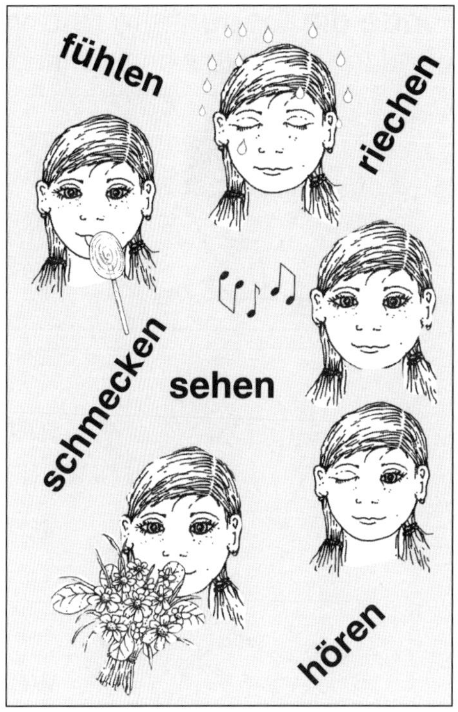

	fühlen (to feel / أحس)	**riechen** (to smell / شم)	**hören** (to hear / سمع)	**schmecken** (to taste / تذوق)	**sehen** (to see / رأي)
ich	fühle				sehe
du	______st				siehst
er/sie/es	______t				
wir	______en				
ihr	______t				
sie	______en				

Setze a, o oder u ein! (Put in a, o or u! / ضع حرف o أو u)

 die N___se

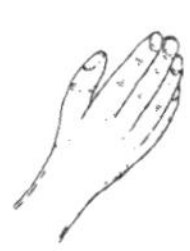 die H___nd

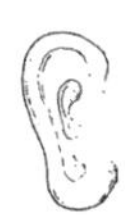 das ___hr

 der K___pf

 der M___nd

 das H___ ___r

21 Adjektive

Adjectives / الصفات

Finde die Gegenteile und verbinde!

(Find the opposites and connect! / اكتشف الكلمات المتضادة وصل ما بينها!)

	fröhlich happy / سعيد	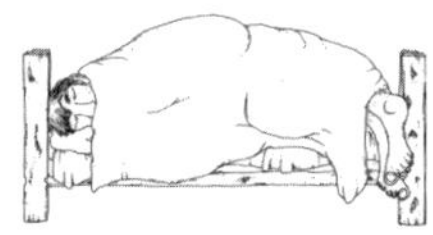	faul lazy / كسول
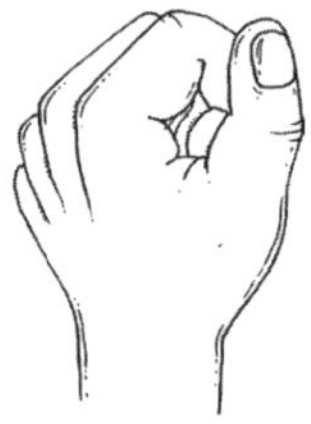	mutig encouraged / شجاع	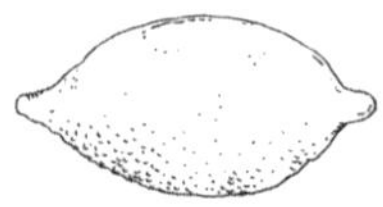	sauer sour / حامض
	wach awake / مستيقظ		dunkel dark / غامق / معتم
	satt full / شبعان		traurig sad / حزين
	süß sweet / حلو		ängstlich scared / خائف
	fleißig busy / مجتهد		müde tired / تعبان
	hell light / bright / فاتح / ساطع		hungrig hungry / جائع

22 Gefühle – Adjektive

Feelings – Adjectives / المشاعر – الصفات

Nachspuren und sprechen! (Follow and say! / تابع وقل!)

fröhlich mutig wach satt

traurig ängstlich müde hungrig

Wie fühlst du dich? (How do you feel? / كيف حالك؟)

Ich bin ____________ .   ____________ .

____________ wach .   ____________ .

____________ .   ____________ .

____________ .   ____________ .

Schau auf Seite 25

	sein (to be / كان)
ich	bin
du	
er/sie/es	
wir	
ihr	
sie	

der Elefant
die Elefanten
elephant / فيل

die Maus
die Mäuse
mouse / فأر

23 Essen und Trinken

Food and Drinks / الأطعمة و المشروبات

Obst (fruit / فاكهة)

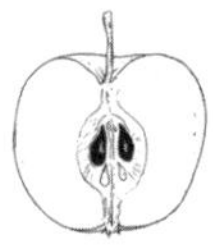

der Apfel
die Äpfel
apple / تفاح

die Birne
die Birnen
pear / إجاص / كمثرى

die Banane
die Bananen
banana / موز

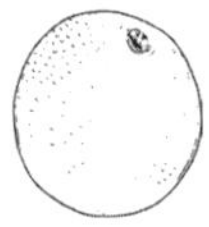

die Apfelsine
die Apfelsinen
orange / برتقال

die Zitrone
die Zitronen
lemon / ليمون

die Ananas
die Ananasse
pineapple / أناناس

Gemüse (vegetables / خضروات)

die Kartoffel
die Kartoffeln
potato / بطاطس

die Paprika
die Paprikas
pepper / فلفل

die Zwiebel
die Zwiebeln
onion / بصل

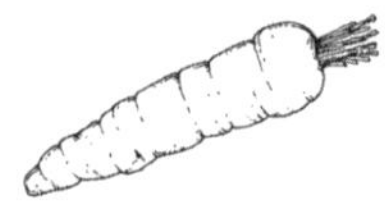

die Karotte
die Karotten
carrot / جزر

der Salat
die Salate
lettuce / خس

die Tomate
die Tomaten
tomato / طماطم

das Ei
die Eier
egg / بيضة

der Käse
cheese / جبن

die Milch
milk / حليب / لبن

das Brot
die Brote
bread / خبز

das Fleisch
meat / لحم

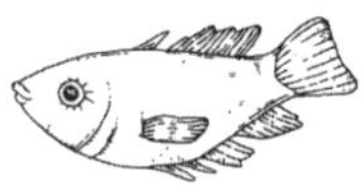

der Fisch
die Fische
fish / سمك

der Zucker
sugar / سكر

das Salz
salt / ملح

der Tee
die Tees
tea / شاي

die Limonade
die Limonaden
lemonade / ليمونادة

das Wasser
water / ماء

der Kuchen
die Kuchen
cake / كعكة

23 Essen und Trinken
Food and Drinks / الأطعمة و المشروبات

Nachspuren und sprechen! (Follow and say! / تابع وقل!)

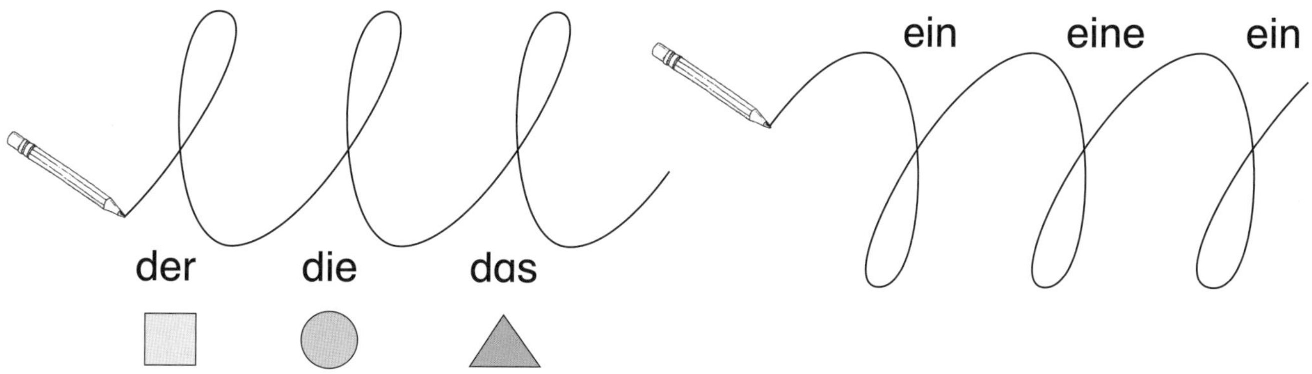

Schreibe! (Write! / اكتب!)

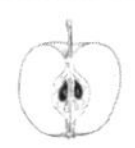	der Apfel	ein

	die	eine

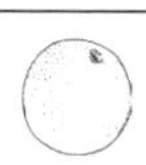		

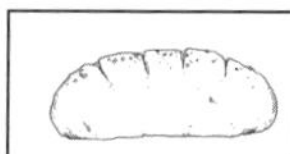	das	ein

24 Was schmeckt mir gut?

What do I like? / ماذا أحب؟

Was schmeckt **mir** gut/nicht gut?
I like / I don't like
ما الذي أحبه / ما الذي لا أحبه؟

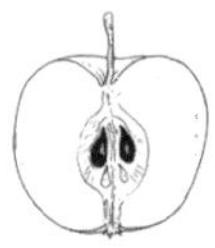

Der Apfel schmeckt **mir** gut.
Der Apfel schmeckt **mir** nicht gut.

Der Salat ______________________________ .

______________________________ .

______________________________ .

______________________________ .

______________________________ .

______________________________ .

Was schmeckt **dir** gut?
What do **you** like?
ماذا تحب؟

Wo hörst du e? (Where do you hear e? / في أي كلمة سمعت حرف e؟)

 e

Wo hörst du i? (Where do you hear i? / في أي كلمة سمعت حرف i؟)

25

Bitte gib mir ... !

Pass (Give) me the ..., please! / !... من فضلك، أعطني

Bitte gib mir ...! (Pass (Give) me the ..., please! / !... من فضلك، أعطني)

die ______________________

 ______________________

 ______________________

 ______________________

 ______________________

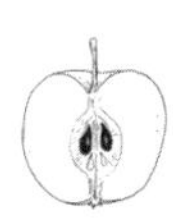 ______________________

 ______________________

 ______________________

 ______________________

 ______________________

26 Im Haus

At Home / بالمنزل

das Haus
die Häuser
house / منزل

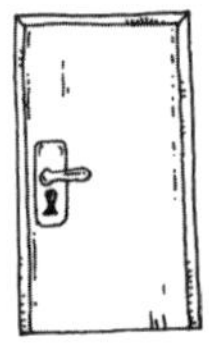

die Tür
die Türen
door / باب

das Fenster
die Fenster
window / شباك / نافذة

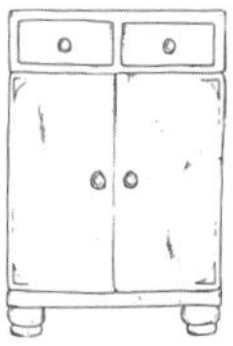

der Schrank
die Schränke
wardrobe / خزانة ملابس

das Sofa
die Sofas
couch / كنبة

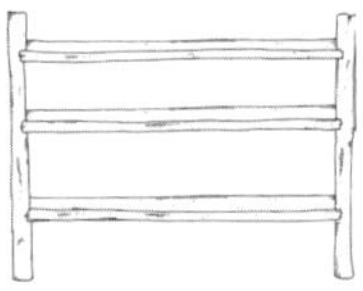

das Regal
die Regale
shelf / رف

die Lampe
die Lampen
lamp / مصباح

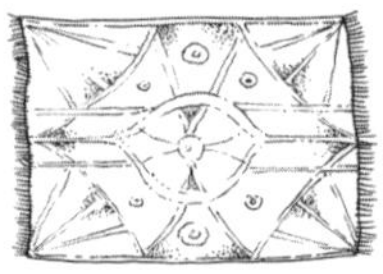

der Teppich
die Teppiche
carpet / سجادة

der Teller
die Teller
plate / طبق

die Tasse
die Tassen
cup / فنجان

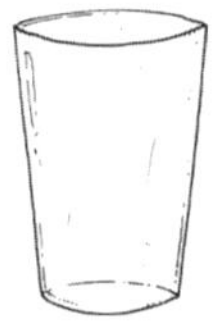

das Glas
die Gläser
glass / كأس

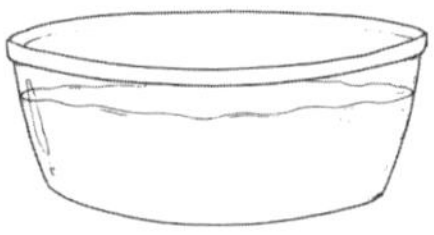

die Schüssel
die Schüsseln
bowl / سلطانية

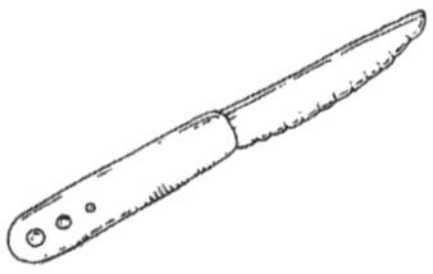

das Messer
die Messer
knife / سكين

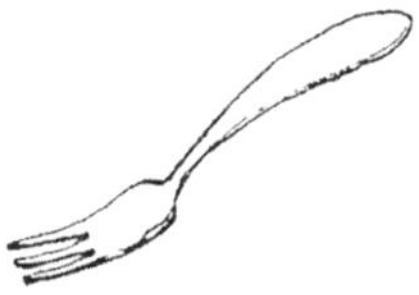

die Gabel
die Gabeln
fork / شوكة

der Löffel
die Löffel
spoon / ملعقة

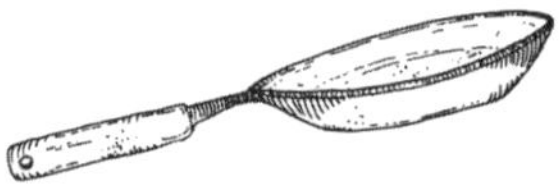

die Pfanne
die Pfannen
pan / مقلاة

die Kanne
die Kannen
jug / دورق

der Kühlschrank
die Kühlschränke
freezer / ثلاجة

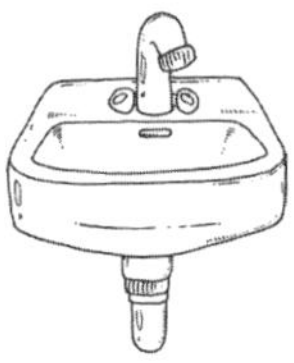

das Waschbecken
die Waschbecken
shrink / حوض

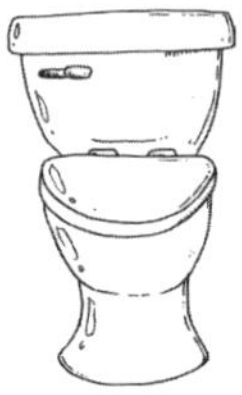

die Toilette
die Toiletten
toilet / مرحاض

26 Im Haus

At Home / بالمنزل

Nachspuren und sprechen! (Follow and say! / تابع وقل!)

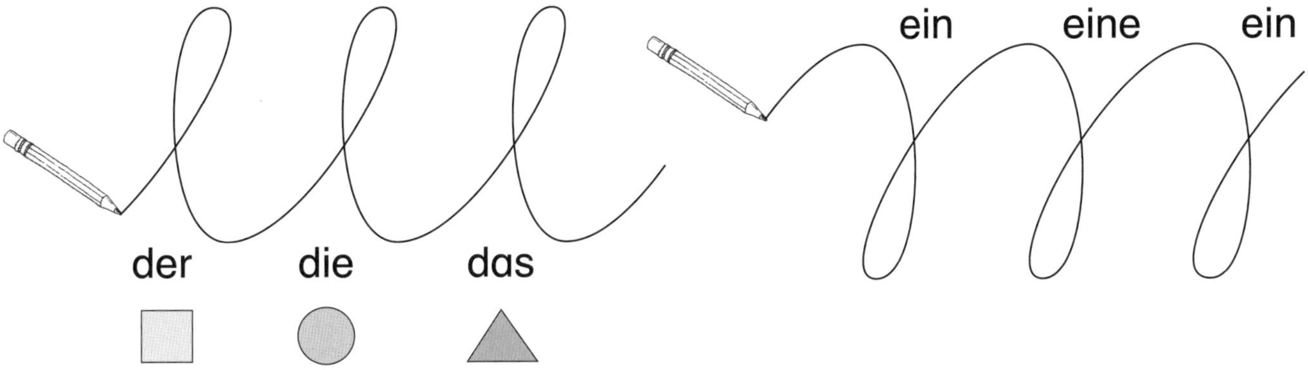

Schreibe! (Write! / اكتب!)

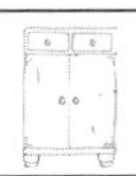	der Schrank	ein
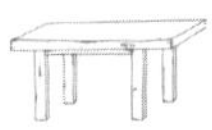		

	die	eine

	das	ein

26 Im Haus

At Home / بالمنزل

ein / eine — **kein / keine**

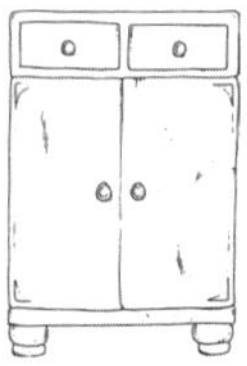

Ist das ein Schrank?

Ja, das ist ein Schrank?

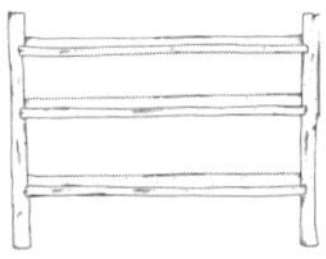

Ist das ein Schrank?

Nein, das ist **kein** Schrank. Das ist ein Regal.

Antworte! (Answer! / أجب!)

Ist das **ein** Teller?

______________________________.

______________________________.

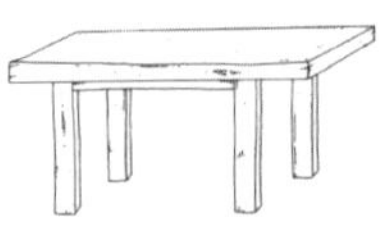

Ist das **ein** Sofa?

______________________________.

______________________________.

Ist das **ein** Löffel?

______________________________.

______________________________.

Ist das **ein** Stuhl?

______________________________.

______________________________.

Ist das **eine** Tasse?

Nein, das ist keine ______________________________.

Das ist ______________________________.

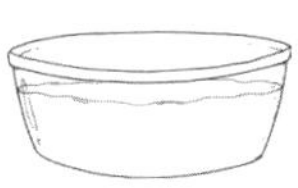

Ist das **eine** Kanne?

______________________________.

______________________________.

Unterwegs
On the way / في الطريق

das Fahrrad
die Fahrräder
bike / دراجة

das Auto
die Autos
car / سيارة

der Bus
die Busse
bus / حافلة

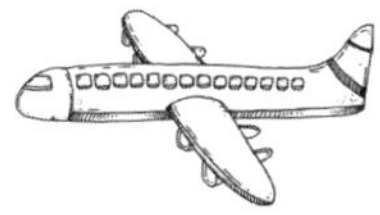

das Fluzeug
die Flugzeuge
airplane / طائرة

der Zug
die Züge
train / قطار

die U-Bahn
die U-Bahnen
subway / مترو الأنفاق

der Roller
die Roller
scooter / سكوتر

das Schiff
die Schiffe
boat / مركب

das Taxi
die Taxis
taxi / تاكسي

der Zebrastreifen
die Zebrastreifen
zebra crossing /
منطقة عبور المشاة

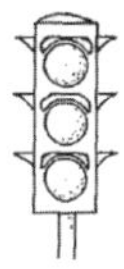

die Ampel
die Ampeln
traffic light /
إشارات المرور

die Straße
die Straßen
street / شارع

Schreibe! (Write! / اكتب!)

■

	der Bus	ein

●

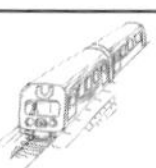	die	eine

▲

	das	ein
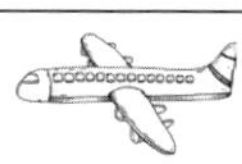		

27

Unterwegs

On the way / في الطريق

der/das → **dem**
die → **der**

Wohin fährst du? (Where do you travel? / إلى أين تسافر؟)

Womit fährst du? (Which means of transport do you use? / أي من وسائل المواصلات تستخدم؟)

Ich fahre nach *Frankfurt* mit *dem Auto* . 

Du fährst nach ____________ mit ____________ . 

Er fährt nach ____________ mit ____________ . 

Sie fahren nach ____________ mit ____________ . 

Wir fahren nach ____________ mit ____________ . 

Ich ____________ nach ____________ mit ____________ . 

Wir ____________ nach ____________ mit ____________ . 

Ich ____________ nach ____________ mit ____________ . 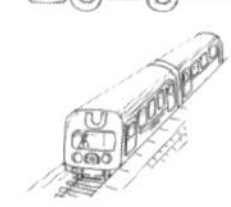

Ich fahre nach ____________ mit ____________ . 

Ich fliege nach *Zürich* mit ____________ . 

28 Verben der Bewegung – Präsens und Perfekt

Present and Present Perfect / المضارع والمضارع التام

Nachspuren und sprechen! (Follow and say! / تابع وقل!)

du sie wir sie

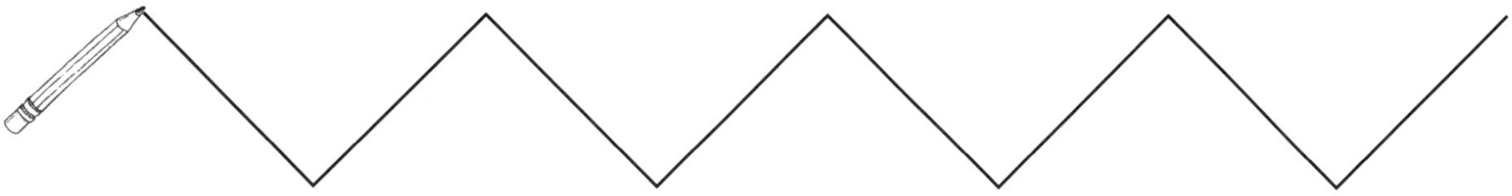

ich er es ihr

	gehen (to walk / ذهب / مشى)	
ich	gehe	bin gegangen
du	gehst	bist
er/sie/es	geht	ist
wir	gehen	sind
ihr	geht	seid
sie	gehen	sind

	fliegen (to fly / طار)	
ich	fliege	geflogen
du	fliegst	
er/sie/es	fliegt	
wir	fliegen	
ihr	fliegt	
sie	fliegen	

	fahren (to drive / ساق / قاد)	
ich		gefahren
du	fährst	
er/sie/es		
wir		
ihr		
sie		

	laufen (to run / جرى)	
ich		gelaufen
du	läufst	
er/sie/es		
wir		
ihr		
sie		

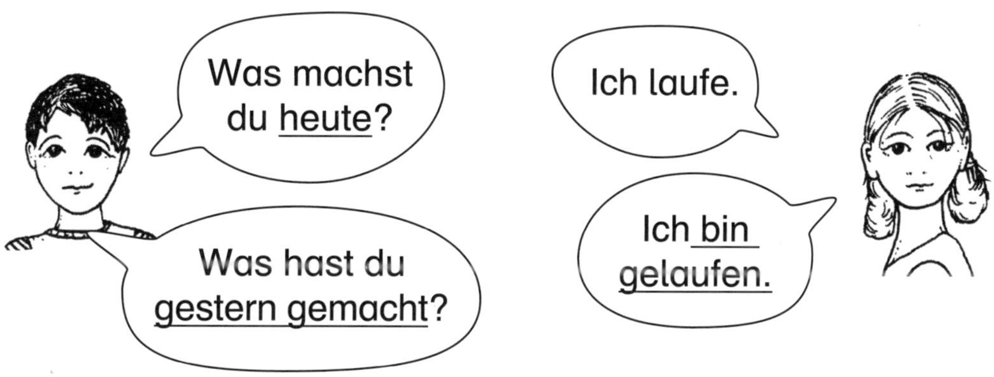

Kalender und Wochentage

Calendar and Days of the Week / التقويم السنوي وأيام الأسبوع

der Herbst
autumn / الخريف

der Winter
winter / الشتاء

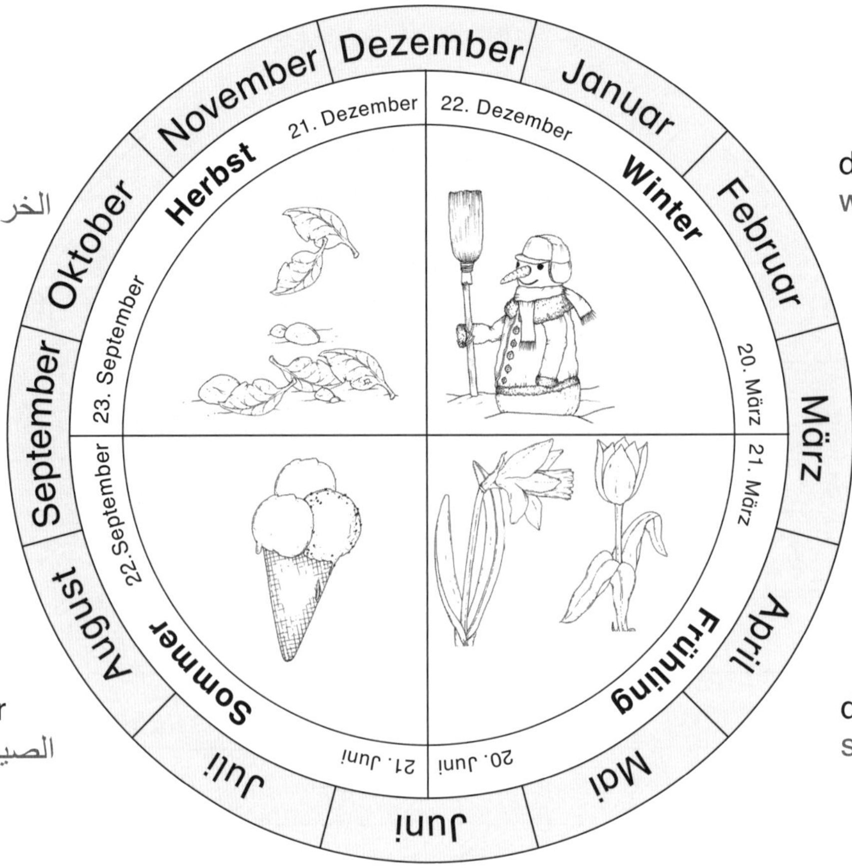

der Sommer
summer / الصيف

der Frühling
spring / الربيع

Montag Monday / الإثنين	Dienstag Tuesday / الثلاثاء	Mittwoch Wednesday / الأربعاء	**Donnerstag** Thursday / الخميس	Freitag Friday / الجمعة	Samstag Saturday / السبت	Sonntag Sunday / الأحد

vorgestern	gestern	**heute**	morgen	übermorgen
the day before yesterday	yesterday	today	tomorrow	the day after tomorrow
أمس الأول	أمس	اليوم	غدا	بعد غد

Gestern **war** yesterday was / الأمس كان يوم	Heute ist today is / اليوم يوافق يوم	Morgen ist tomorrow will be / غدا سيوافق يوم
	Donnerstag	Freitag
	Dienstag	
Samstag		
		Samstag
	Mittwoch	

30 Die Uhrzeit

The Time / الوقت

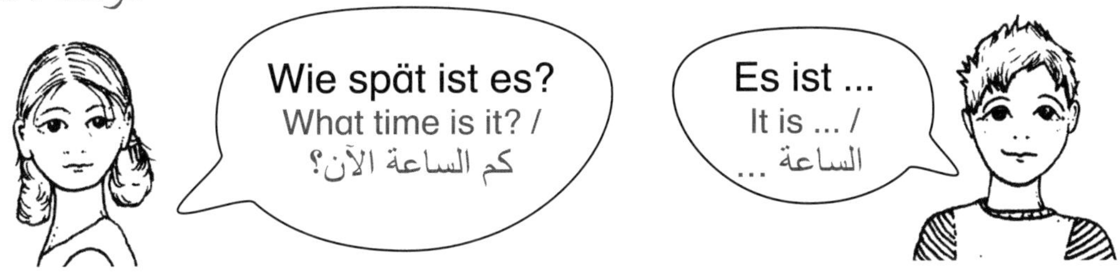

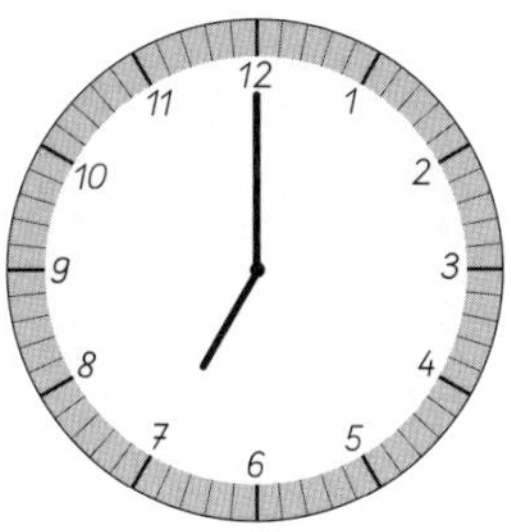

7 Uhr
7 o'clock /
السابعة تماما

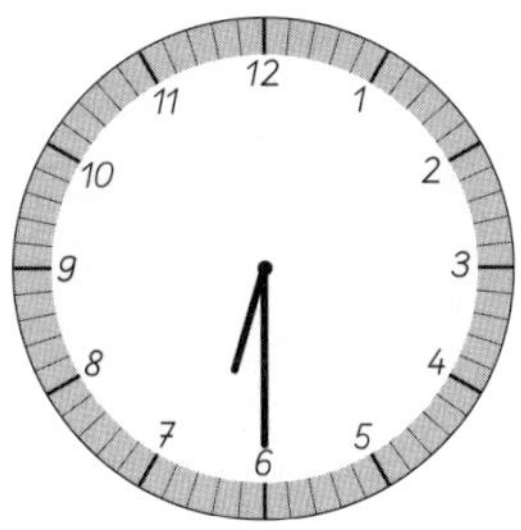

halb 7
half past 6 /
السادسة والنصف

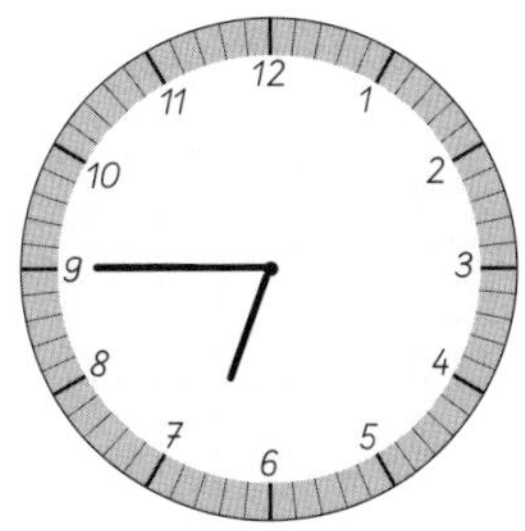

viertel vor 7
quarter to 7 /
السابعة إلا الربع

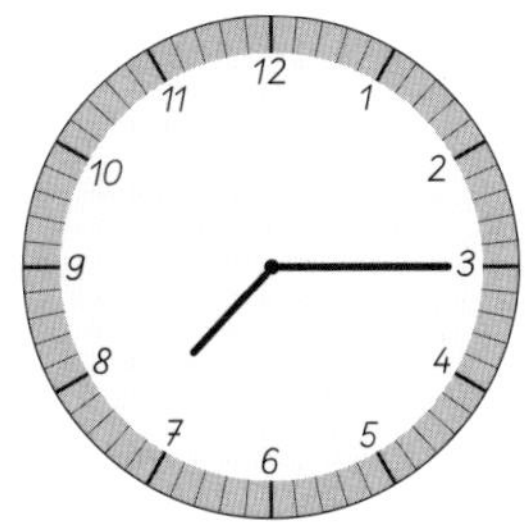

viertel nach 7
quarter past 7 /
السابعة والربع

5 nach 7
5 past 7 /
السابعة
وخمس دقائق

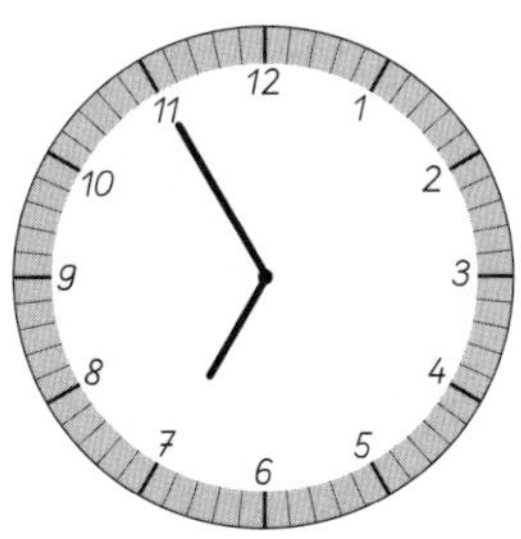

5 vor 7
5 to 7 /
السابعة
إلا خمس دقائق

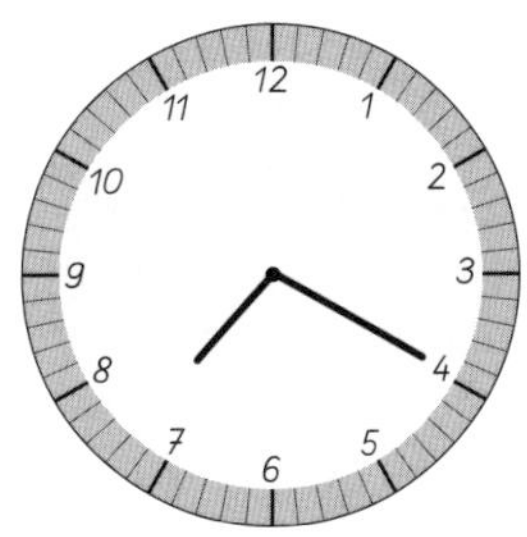

20 nach 7
20 past 7 /
السابعة
وعشرون دقيقة

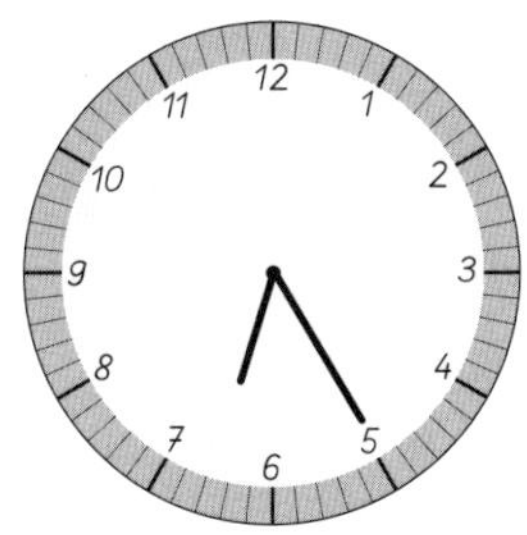

5 vor halb 7
25 past 6 /
السادسة وخمس
وعشرون دقيقة

Wie spät ist es? ____ Es ist 9 Uhr ____.

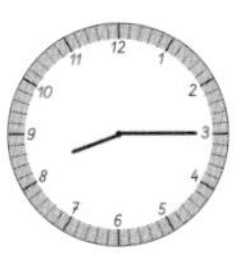
Wie spät ist es? ____ Es ____.

Wie spät ____? ____.

____? ____.

____? ____.

31 Tageszeiten

Times of the Day / فترات اليوم

Verbinde! (Connect! / صل!)

am Morgen (morgens)
(in the morning / في الصباح)

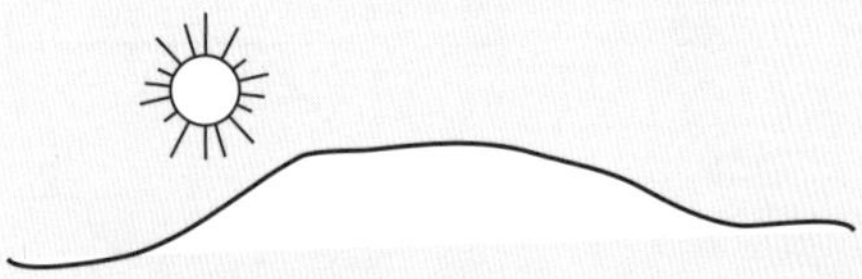

am Vormittag (vormittags)
(in the morning / في الصباح)

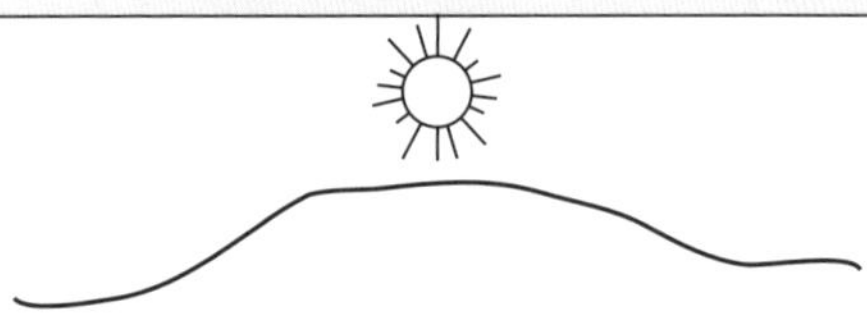

am Mittag (mittags)
(at noon / في فترة الظهيرة)

am Nachmittag (nachmittags)
(afternoon / في فترة ما بعد الظهيرة)

am Abend (abends)
(in the evening / في المساء)

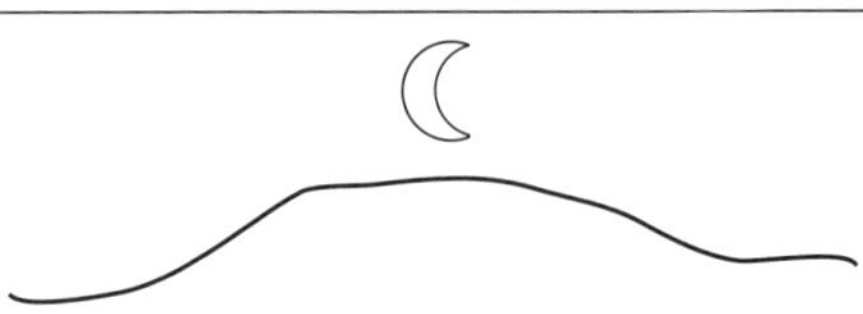

in der Nacht (nachts)
(at night / بالليل)

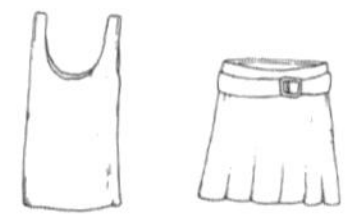

aufstehen (to get up / استيقظ)
sich anziehen (to get dressed / لبس)

essen (to eat / أكل)
trinken (to drink / شرب)

spielen (to play / لعب)
lesen (to read / قرأ)

lernen (to learn / تعلم)
arbeiten (to work / عمل)

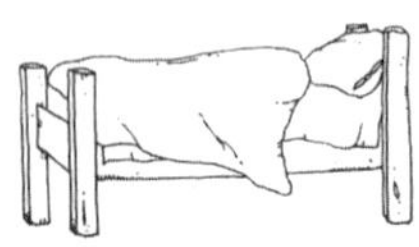

schlafen (to sleep / نام)

fernsehen (to watch television / شاهد التلفاز)
lesen (to read / قرأ)

32

Was hast du gemacht? – Perfekt mit „haben“

What did you do? – Present Perfect with „to have“ / "haben" ماذا فعلت؟ المضارع التام مع فعل

Was machst du in der Schule? (What do you do at school? / ماذا تفعل بالمدرسة؟)

	lernen (to learn / تعلم)	
ich	lerne	habe gelernt
du		hast
er/sie/es		hat
wir		haben
ihr		habt
sie		haben

	spielen (to play / لعب)	
ich		habe
du		hast
er/sie/es		hat
wir		haben
ihr		habt
sie		haben

	rechnen (to calculate / حسب)	
ich		gerechnet
du		
er/sie/es		
wir		
ihr		
sie		

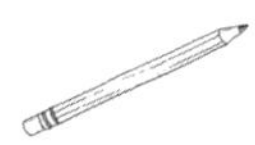

	schreiben (to write / كتب)	
ich		geschrieben
du		
er/sie/es		
wir		
ihr		
sie		

	essen (to eat / أكل)	
ich		gegessen
du		
er/sie/es		
wir		
ihr		
sie		

	trinken (to drink / شرب)	
ich		getrunken
du		
er/sie/es		
wir		
ihr		
sie		

32 Was hast du gemacht? – Perfekt mit „haben“

What did you do? – Present Perfect with „to have“ / "haben" ماذا فعلت؟ المضارع التام مع فعل

Was hast **du** am Morgen gemacht?

Ich habe ______________________________.

Was hat **er** am Nachmittag gemacht?

Er hat ______________________________.

Was hat **sie** gestern gemacht?

Sie hat ______________________________.

Was habt **ihr** am Abend gemacht?

Wir haben ______________________________.

Was habt **ihr** vorgestern gemacht?

______________________________.

Was hast **du** in der Nacht gemacht?

______________________________.

Was hat **sie** am Mittag gemacht?

______________________________.

Was hat **er** am Vormittag gemacht?

______________________________.

Was hast **du** gestern gemacht?

______________________________.

33 Einzahl – Mehrzahl (Singular – Plural)

Singular – Plural / مفرد - جمع

Umlaut + -e	Einzahl singular / مفرد	Mehrzahl plural / جمع
	der Rock	die Röck**e**

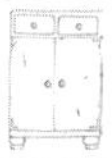		

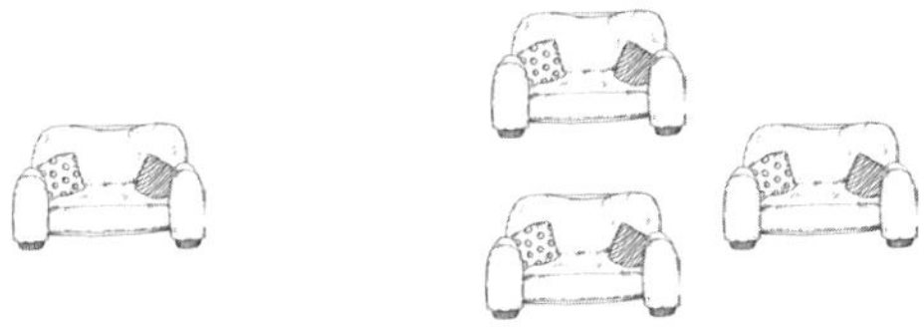

Umlaut + -er	Einzahl singular / مفرد	Mehrzahl plural / جمع
	das Blatt	die Bl**ä**tt**er**
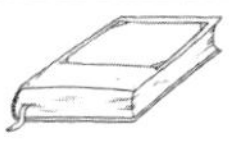		

gleich	Einzahl singular / مفرد	Mehrzahl plural / جمع
	der Anspitzer	die Anspitzer

33 Einzahl – Mehrzahl (Singular – Plural)

Singular – Plural / مفرد - جمع

- n	Einzahl singular / مفرد	Mehrzahl plural / جمع
	die Banane	die Banane**n**

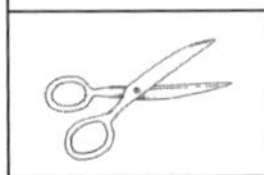		

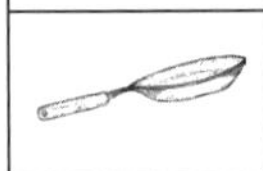		

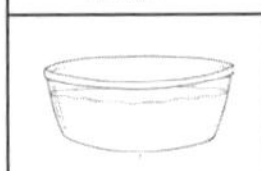		

- e	Einzahl singular / مفرد	Mehrzahl plural / جمع
	das Heft	die Heft**e**

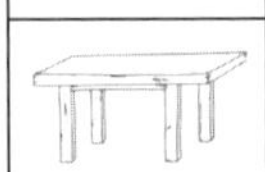		

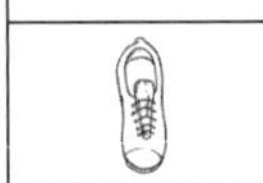		

- en	Einzahl singular / مفرد	Mehrzahl plural / جمع
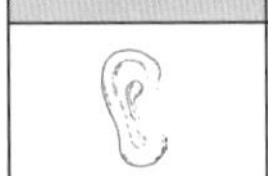	das Ohr	die Ohr**en**

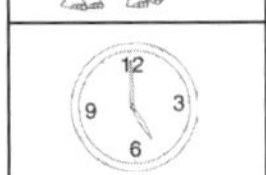		

33 Einzahl – Mehrzahl (Singular – Plural)

Singular – Plural / مفرد - جمع

Bilde Sätze! (Form sentences! / كون جملاً!)

	Einzahl singular / مفرد		Mehrzahl plural / جمع
	Die Banane schmeck**t** gut.		Die Banane**n** schmecke**n** gut.
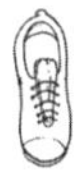	Der Schuh pass**t**.		**Die** Schuhe passe**n**.
	Das Schiff fähr**t** schnell.		
	Der Rock pass**t**.		
	Die Frau kämm**t** die Haare.	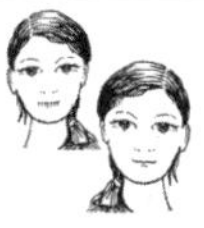	
	Der Stift **ist** grün.		
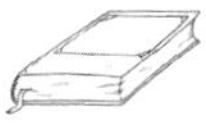	Das Buch **ist** dick.		
	Der Junge **ist** fröhlich.		
	Die Hose **ist** im Schrank.		
	Das Mädchen hör**t** Musik.		
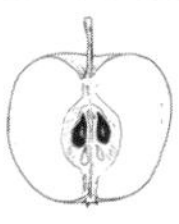	Der Apfel schmeck**t** gut.	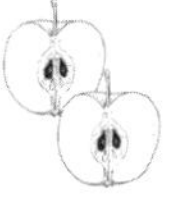	
	Der Junge läuf**t**.		

34 Sätze bilden

Form Sentences / تكوين الجمل

Bilde Sätze und verbinde! (Form sentences and connect! / كون جملاً وصل!)

Samira	Wir	Ich	Ihr	Du	Mein Vater
trinken	kocht	wasche	lest	isst	siehst
die	die	das	den	ein	eine
Hose.	Limonade.	Fisch.	Buch.	Tomate.	Flugzeug.

Was gehört zusammen? Verbinde!

(What belongs together? Connect! / صل من الآتي ما يتناسب معا!)

Ich	bin	auf dem Tisch.
Wir	fahren	in der Schule.
Die Kinder	liegt	nach Hamburg.
Der Käse	sind	im Schrank.
Die Tassen	sind	fröhlich.